Made in the USA
Coppell, TX
02 June 2022

78402430R00069